**MEJOR LIBRO
DE POESÍA EN
ESPAÑOL**
2020
**INTERNACIONAL
LATINO BOOK AWARDS**

Amores Inéditos

Miguel Ángel Zayas

Editorial Zayas
el mundo espera, publicalo

A quienes al pasar por mí dejaron huellas indelebles…

Xiomara, Heidsi, Glori, Karen, Lourdes, Gely, Maybel, Annie,
Teresa, Adriana, Lola, Nashira, Maybel, Yessy

Porque no son tantos como se alegan ni tan pocos como se admiten.

Amores Inéditos

Miguel Ángel Zayas

ÍNDICE

PRÓLOGO

En esta entrega, el poeta Zayas nos pasea por diversos senderos, donde nos muestra que el tiempo, aunque trate, nunca estará en control. Que hay que seguir amando aunque se caiga el mismo cielo. Nos enseña que al amor no correspondido hay que darle alas y disfrutar de su ausencia. El poeta cuestiona además su propia existencia, con el pasar de los años: ¿Qué sería de él si hubiese llenado su bolsillo izquierdo? Ha llegado a la etapa donde todo le asombra y el rencor queda desamparado. Hoy solo quiere saciar sus ganas, caer a la deriva y amar sin inhibiciones, simplemente porque sí. Dejar que la musa lo embriague de versos, mientras nos enseña los valores de una verdadera amistad y nos invita a no someternos ante la maldad. A través de este poemario, el escritor nos entrega parte de un corazón lleno de preguntas, pero saciado de libertad.

Belkis Marte Martich,
escritora y poeta dominicana

I- CÁNCER

Cuántas veces me mataron
cuántas veces me morí
sin embargo estoy aquí, resucitando
gracias doy a la desgracia
y a la mano con puñal
porque me mató tan mal
que seguí cantando.
María E. Walls

MOHÍN

Y le sonrío a la vida
para que mis enemigos internos
no tomen la ventaja.

Me burlo yo de ellos primero
y sonrío, como si no fuera conmigo;
como si no fuera a mí a quién hablan.

Y sonrío
con ganas de tener ganas
soñando con tener sueños
con dudas de si tengo dudas.

Aferrando el ánimo a una tibia esperanza
de pagar la cuenta que nunca se salda.
Y sonrío
como si no fuera necesario
hacer más nada.

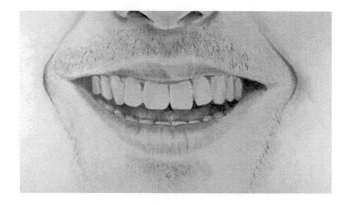

COYUNTURA

Há dias que vem
Só vem
E dias que vão
E só vão
E eu sei
Também só tenho que passar.

Luca Mundaca

¿Cuánto tiempo me queda?
Para admirar —por horas—
la flor recién brotada.
Para llenar mis pies de lodo
por un camino que valga la pena
y bañar mi cabello bajo una lluvia fría.

¿Cuánto tiempo me queda?
Para llorar por las penas
que —en su momento— no merecieron lágrimas.
Para corregir mi indiferencia
frente a lo indiferente
y despedirme de las personas
que me marché.

¿Cuánto tiempo me queda?
Para reírme a carcajadas
por un chiste malo.
Para bailar la última pieza
y cantar la canción que olvidé.

¿Cuánto tiempo me queda?
Para inventar un nuevo sacramento
donde todos nos ganemos el cielo.
Para atreverme a quemar puentes
solo por disfrutar el azul de la llama
y dormir a la intemperie
hasta contar la última estrella.

¿Cuánto tiempo me queda?
Para el perdón absoluto a mí mismo
antes de exigirlo a otros.
Para rescatar aquel poema
en el papel roto
y aceptar el amor, condicionado
a que venga sin condiciones.

¿Cuánto tiempo me queda?...
El que yo quiera.

No me podrán quitar

No me podrán quitar nunca mi niñez
el olor de la ropa en el tendedero
lo que deseé ser, al mirar las estrellas
por primera vez.

La sensación de seguridad
en los brazos de mi madre
pasara lo que pasara, hiciera lo que hiciera.
No me podrán quitar nunca
el sabor de la tierra recién mojada
el miedo ante aquel primer beso
el frío en los pies, la primera vez
que tocaron el mar
ni la quemazón de la vergüenza en mi cara.

No me podrán quitar nunca el primer dolor
el salado de la lágrima que ya brotó
el aleteo de las mariposas en el estómago
la primera vez que volé en avión.

Y no podrán quitarme nunca
la amistad del buen amigo, por encima de todo.

No me podrán quitar nunca
lo que aprendí, lo que erré, lo crecido
la capacidad de seguir de pie en terreno inseguro
ni el sentirme a pesar de todo
agradecido por vivir.

EMBELESO

El mundo luce gracioso
mirado desde el esparcimiento
de un día donde juega el viento
con las mentiras del invierno.

Pasa la gente y solo ve
el reflejo de mi recuerdo;
aturdido, confuso, marcado por los aires
de un fantasioso embeleso.

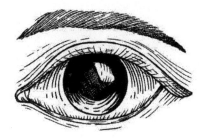

DAME PALABRAS

*A veces me avergüenzo de jugar
con las palabras...*
Francisco Matos Paoli

A veces me avergüenzo de escribir
por escribir mismo.
Plasmar palabras sin sentido
mientras la pobreza
me arrebata un amigo.

A veces me escondo
en los bosques de metáforas
huyéndole a las injusticias
volteándoles la cara.

A veces me callo
aun pronunciando palabras
y soy cómplice del verdugo de un niño
con los silencios del alma.

A veces siento miedo en la madrugada
cuando se desvelan mis ansias
y florecen nuevos dilemas.

A veces siento que no soy yo
el que escribe mis poemas…

Dios, dame corazón
para sustituirlo por palabras.

CAOS

Cuando la última llama en el infierno se apague
y los demonios
no tengan compañía en su carruaje.
Cuando se sacie el último niño con hambre
y la lluvia deje de ser desgracia para los marginados.

Cuando caiga el último pedazo de muro
y los puentes sustituyan a las fronteras.
Cuando ya no queden pirámides en pie
y se corte el último árbol verde.

Cuando se escuche el último ladrido de un perro
y no haya animales que sacrificar.

Cuando las noches desciendan del cielo
y no haya luna que admirar.

Cuando el sol emita su último destello
y caminen por la tierra los peces del mar.

El viento, en su último hálito,
susurrará poesía
y arrastrará los versos de un poeta
para resurgir nuestra humanidad.

INTERPELACIÓN

Cuando el viento no sople a mi favor
¿qué se supone que haga?
¿Dejar que me arrastre la corriente
sólo fluir, sin esfuerzo alguno?

Cuando los sueños dejen de hacerse real
¿me convertiré en sonámbulo?
¿Seré una pieza en el ajedrez de otro?

Cuando la fortuna
ya no amanezca en mi balcón
¿cuántas personas me ocultaran
un enemigo en su sonrisa?

Cuando la sinceridad sea proscrita
¿será un "Dios te bendiga" una maldición?
Si descubro el secreto para ser feliz
¿se lo debo ocultar al que atesora su desgracia?

Cuando ya no escuche a los perros ladrar
¿será que he muerto o me habré vuelto invisible?
Si es cierto que habrá un juicio final
¿será el libre albedrío nuestra más pesada cadena?

TAL VEZ

Tal vez
cuando todo esto termine
y ya no nos aceche el peligro
saldremos de nuestros claustros
con una nueva mirada
con esa primera curiosidad
de descubrir el mundo
al que por poco destruimos
y lo miraremos con el mismo asombro
de aquel antepasado
que contempló el fuego por primera vez.

Tal vez
cuando todo esto termine
y volvamos a la calle
extrañaremos ese hogar
en que se convirtió
lo que llamábamos casa.

Tal vez
cuando todo esto termine
se habrá convertido en costumbre
el abrazar a un extraño
y preguntarle: ¿necesitas algo?

Tal vez
cuando todo esto termine
todas las banderas
tendrán un mismo color
y las naciones
adoptaran la paz como himno.

Tal vez
cuando todo esto termine
seremos más inteligentes
lo importante
ya no será para después
se nos habrá olvidado
cómo pronunciar una ofensa
y habremos aprendido
lo que significaba
"amaos los unos a los otros".

Tal vez
cuando todo esto termine
sabremos:
amar sin condiciones
perdonar sin rencor
escuchar antes de responder
y pensar antes de hablar.

Tal vez
cuando todo esto termine
nos disfrutaremos
la tibieza del sol en nuestro rostro
el sabor de la lluvia
el valor del silencio
y el aire al respirar
porque no hay mejor aire
que aquel que se respira sin miedo.

Tal vez…

HACE DÍAS

Hace días
camino bajo la lluvia
siento como las lágrimas
que caen del cielo
se funden con las de mis ojos.
Hace días
camino bajo un aguacero
y el aire que respiro
es un remedio para no recordar.

Siento la queja de un trueno lejano
que es como el lamento de mi alma.
Ese lamento que tronó
cuando soltaste mi mano

Hace días camino bajo un diluvio
y a pesar de mi dolor
las estrellas siguen brillando.

II- DESAFECTO

No me da miedo que me pisen.
Cuando se pisa, la hierba se convierte en
sendero.
Blaga Dimitrova

EL ÚLTIMO POEMA

Este es el último poema
que te escribo
el que nunca deseaste
el que había comenzado
el que dejamos en el olvido.

Aquí yacerán mis palabras
nuestros abrazos furtivos
y el deseo que a mi pecho
alguna vez lo mantuvo cautivo.

Aquí se secan las lágrimas
y se perdona lo no vivido
entre versos se desperdician besos
que en tus labios no tuvieron sentido.

Este es el último poema
que te escribo.
Aquí terminan los sueños
aquí comienza el olvido.

VENENO

Víbora que derramas frustraciones
en tóxica verborrea, abundante de calumnias.
Si hoy todos te desprecian
si sigues morando un poco más allá del último
si tu propia sombra te niega tres veces...
¿A quién culpas de tu desdicha?

No desates tu vileza contra el viento
no riegues con tu cianuro las flores
no amargues al mar con tu desdén
si la felicidad no comparte tu mesa.

No es culpa de la rosa si florece
a pesar de tu dolor.
No es culpa de la brisa si sopla
a pesar de tu ausencia.
No es culpa del amor si triunfa
a pesar de tu odio.
No pretendas sacrificar la reputación de otros
para expiar tus pecados.

Ve
arrástrate
enciérrate
ocúltate en la cueva más lejana.

Que ya tu veneno no intoxica
que ya tu ponzoña no hace mella
que ya tu teatro no tiene espectadores.

Carga contigo tu maldad;
respira, y continúa con tu vida insignificante.

SUSTANCIA

Soy sol
cuando no se nubla mi cielo.
Soy mar
cuando la marea baja.
Soy ángel
cuando los demonios descansan.
Soy caricia
cuando la piel llama.
Soy forastero
durmiendo en mi propia cama.
Soy amante
hasta cuando el amor se acaba.
Y sigo siendo amor
aun cuando no me aman.

A ELLA (NOSOTROS)

Parecía que sería hermoso
el sueño de ser amado.
La promesa de doce meses de primavera
con aromas de flores que no se mustian.
Sentir, en el rostro,
el brillo de un sol que no ciega.
El osado intento de poner en marcha
un corazón sin cuerda.

Me dijo que sería eterna
y compramos el boleto de ida.
Pero perdimos el tren
cuando el reloj agotó
 el tiempo para más espera.

Pudo ser bonito tratar de ser dioses.
Pero solo fuimos dos mortales
desleales a nosotros mismos.

Epifanía

Mi voz ausente
en el silencio de la noche
no rompe el confín
al que tu recuerdo la condena.

Mis palabras son abortos
en la epifanía de un sollozo;
gritos silentes de un dolor que no consume
al alma que se acostumbra a ello.

Inmunidad
que solo el desafecto concede.

TU NOMBRE

Tu nombre estará oculto
entre mis versos más alegres
y mi pensamiento más oscuro.

Solo tú sabrás

el pretexto, el motivo
de cada verso que hoy escribo.

EMANCIPADA

¿Qué saben del amor quienes
confunden arrojarse al vacío con volar?

Benjamín Prado

Te vas
no habrá fiesta de despedida
ni champagne ni confeti
tampoco habrá funeral.

Te vas
no sin antes liberar
las perras de las calumnias
que atacan sin piedad
pero en mí, ya no dejan cicatriz.

A los cuatro vientos
te proclamas "libre y feliz"
mientras a tus noches
les cuestan no llorar.

Hoy afirmas tu independencia
y te celebras la emancipación
¡Qué gran logro! ¡Qué gloriosa gesta!
Escaparse de una celda
que el carcelero nunca cerró.

TÚ

Tú
que llegas con la juventud como actitud
y piensas que todo en mi cielo es azul
no vuelvas.

Tú
que no te importa derrochar la primavera de tu
luz
intentando disipar oscuridades en mi otoñal
no vuelvas.

Tú
que piensas que puedes rescatar
las flores que en primavera no han de retoñar
y las mareas que se alejaron de mi mar
regando todo de ímpetu
no vuelvas.

Tú
que encuentras en cada mirada una verdad
y en cada abrazo la eternidad
no te detengas a pensar qué pudo ser
de lo que ya no será
no vuelvas.

Tú
que no entiendes la manera
menos dolorosa de actuar
te pediré que nunca mires hacia atrás.
Piensa que en tu recuerdo quedaré
como la obra en un lienzo sin plasmar
no vuelvas.

Así
como el fruto que se mustió
mucho antes de madurar
es preferible terminar
cuando se acobarda el corazón
mucho antes de comenzar.

Esperanza

Rosa
tirada a la basura
abandonada, frágil.
No pierde su belleza ni confunde su aroma
con los desechos que la rodean.
No deja de soñar con ser semilla
para renacer en rosal un día
y recibir el apasionado beso del colibrí.

Agua
pura, cristalina
convertida en hielo.
Sigue siendo fuente de vida
que aún aspira a nacer río
y vivir como mar el resto de sus días.

Corazón
roto, traicionado, malsano.
Su sangre no deja de fluir
sueña un día ser escuchado
y latir al mismo ritmo de otro corazón
que aún no haya perdido
la esperanza de resurgir.

MI NOMBRE

No pronuncies mi nombre
si solo la tristeza lo acompaña.
No pronuncies mi nombre
si los reclamos apellidan su entraña.
No pronuncies mi nombre
para nombrar algo que se extraña
o para contar la historia
del viajante que se marcha.
No pronuncies mi nombre
para nombrar el sufrir
de tus noches en la cama.
Solo pronuncia mi nombre
para nombrar al amor
cuando este reviva en tu alma.

EXTRAÑANDO

Extrañarte se ha vuelto un pasatiempo
donde mata su ocio mi corazón
donde se disipan las nubes del pensamiento
y se disfrazan los sentimientos
jugando a ser razón.

Extrañarte se ha vuelto un trabajo
con largas jornadas sin bonificación
donde se afanan cada una por su puesto;
la nostalgia y la ilusión.

Extrañarte se ha hecho mi ego
escondido en el subconsciente de mis heridas
asomando su rostro
entre las telas de mis poemas
pintando de esperanza a mi yo.

DESDE QUE TE PERDÍ

Desde que te perdí se están enamorando todas de mí
y hasta algunas me quieren convencer que con ellas podría ser feliz.

Kevin Johansen

los vecinos están siempre sonrientes
el perro ya no me ladra
mi cabello dejó de brotar canas
como lo que me venga en gana
el sol brilla con más lucidez
el reloj dejó de apurarme
no hay reclamo que me alarme
el tráfico corre con fluidez
voy al mercado una vez por semana
no reviso el estado de mi cuenta bancaria
ni tengo que lidiar con la estupidez
las musas vienen a dormir conmigo
sin importar si hace frio
o si duermo sin cobijo
en casa ya no se llevan la luz
pero me baño con agua fría
mis camisas no piden plancha
porque nunca llevo corbata
ni amarrados los zapatos

nadie me amenaza con revancha
una reservación me sale barata
cambié el carro por dos bicicletas
no he tenido que decir perdón
ya no se acumula basura en el zafacón
puedo ver películas sin subtítulos
tirao en la cama comiendo galletas
en la mesa, nadie habla con la boca llena
ni se hace ruido al masticar
no tengo princesas que venerar
ni es necesario complacer fantasías
nadie me ignora en la mañanas
ya no escucho un pliego acusatorio
ni la enumeración de todos mis defectos
ya no me arrodillo a confesar mis pecados
ni recibo fingidos afectos
hacer el amor no es un castigo
a mis amigas ya no las llaman amantes
a tus amantes ya no los llamas amigos
mi teléfono dejó de tomar *selfies* sin alma
facebook aumentó sus *likes*
leo mis mensajes sin preocupación
sin seguirle la corriente a tu guion

en el baño siempre hay papel
recordé cómo orinar de pie
no volví a bajar la tapa
mis amigos llegan de sorpresa
a mi puerta nunca le pongo seguro
nadie pregunta si estoy cansado
no me dado ni un catarro
mis visitas al doctor han mermado
no he necesitado un abogado
ni testigos que confirmen mi verdad

Desde que te perdí
puedo deletrear

L I B E R T A D.

PERDONA LA CONFUSIÓN

Para borrar mis huellas destrocé mi camisa.
Confundí con estrellas las luces de neón.
Joaquín Sabina

Te confundí con rosa
y eras enredadera.
Te bebí como agua
y supiste a vinagre.

Confundí tu voz con melodía
y resonabas como cacofonía.
Confundí tu amor con eternidad
y eras capricho escrito en un suspiro.

Disculpa mi pecado de omisión.
La culpa ha sido toda mía
por confundir con estrella
una simple luz de neón.

LA MUJER QUE NADIE AMA

Tantos hombres y el mismo resultado
terminar con menos amor en la cama
sola, tratando de ser inmortal
con cualquiera que solo te tome un rato.

Tu cuerpo acostumbrado
a ser depósito de pasiones furtivas
la oferta del día
que se obtiene a precio de ganga.

Tus labios llenos de besos recostados
en asientos de automóviles
y de suspiros elevados
en habitaciones baratas.

Te sabes de memoria la rutina
de ser la mujer que nadie exhibe,
que muchos manos han tocado
y que nadie lleva a su casa.

Una vida llena de 40 inviernos crueles.
Como siempre
sollozarás por el abandono que te azota
cuando te vuelvas a vestir sola.

Cirugía a corazón abierto

Me equivoqué al mostrarte
mi mayor cicatriz
sin imaginar
que llevabas un bisturí
oculto en tu bolsillo.

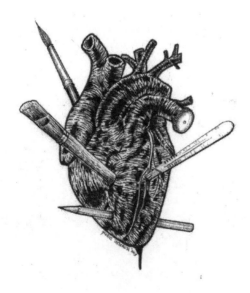

ACRÓSTICO DE VILEZA

Omnímoda estupidez
Mártir de tus propias mentiras
Arquetipo perfecto de falsedad
Inculta larva infecciosa
Rancia antes de madurar
Alimaña depredadora de corazones.

MALTRATANTE

Entonces
¿eso soy ahora?
el maltratante
el abusador
¿cuándo fue que cambié de chaqueta?
¿a qué hora dejé de ser
"el amor de tu vida"?

¿Te maltrataban mis besos?
¿ Acaso te ofendía mi aliento
cuando algo te salía mal?
¿Te maltraté por ser el idiota
que se atrevió llevarte al altar?

No sabía que era maltratante
...pero muchas veces desee serlo.

Cuando en las madrugadas
te encerrabas en el baño
a responder llamadas
de "números equivocados".

Cuando tu trabajo
dejó de tener hora de salida
y la casa perdió la hora de entrada.

Quise ser maltratante
cuando a segundos de escuchar
la palabra Cáncer
te importó más la historia detrás
de una foto antigua.

Desee ser maltratante
cuando inmóvil
sólo el techo me prestaba atención
en el mismo instante
en que un nuevo *selfie* playero
mostraba tu mejor cara.

Definitivamente
quise ser el maltratante
cuando besabas a otro
en el centro comercial
frente a todos
pero oculta de Cristo.

Quise ser maltratante
cuando compartías
la bolsa de *popcorn* en el cine
con manos extrañas
mientras el dolor en el lecho
me doblegaba.

Deseé ser el maltratante
cuando descubrí
ochos perfiles de redes sociales:
el de soltera
el de libre y feliz
el de divorciada
el de casada
el de madre abnegada
el de la hija ferviente de Dios
el de fanática de reguetón
el de mi esposa

Sí, muchas veces quise
nunca pude serlo.

No te preocupes
tú tampoco eras maltratante
solo fuiste tú.

Decreto

Caricias cargadas de reproches
besos con sabor a indiferencia
abrazos exiguos de fervor
amor que sólo profesa desconfianza.

Si en otra vida nos encontramos
por favor, no vuelvas a amarme.

III- 18 DE DICIEMBRE

La vejez...
es la más dura de las dictaduras,
la grave ceremonia de clausura
de lo que fue la juventud alguna vez.
Alberto Cortez

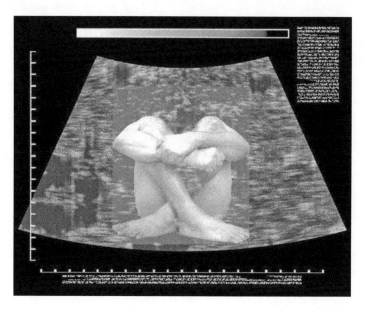

VIAJE A MIS CONTORNOS

Viajo sobre la palabra correcta
conociendo todo lo que soy
y lo que dejé de ser.

No tienta a mi mirada
el precipicio a mitad del camino
ni me seduce el cotilleo de
la acrofobia en mi intelecto.

Mi andar es contradictorio y concorde
lúcido y torpe...
a veces me siento a la deriva
por usar la bondad como artilugio.

Me acerca el tiempo al extremo de la pared.
¿Qué me detiene? ¿Será este el muro final?
Sobre lo encalado, la escritura se devela
no veo venir magos, caldeos ni adivinos.

¿Dónde aún existo, dónde ya morí?
Cinco décadas después
la verdad aún está encriptada.

CINCUENTA

Me despierta un reloj
que con dejadez dice que ya es hora.
Lo observo
sus manecillas parecen haber perdido
todo sentido de urgencia.

El tiempo ya no es más
que un viejo flemático, lleno de incertidumbres.
A veces
tengo la sensación
de estar circulando una rotonda infinita.
Otras veces
me siento triunfante
acariciando una meta efímera.

No hay rótulos ni señales
que marquen el rumbo correcto;
los puntos cardinales
se comportan como adolescentes ebrios
e intercambian sus lugares.

A pesar de todo
se anuncia que otra vuelta es completada.

¿Para qué?
Después de cinco décadas
lo urgente ya es secundario
lo trascendental se hace necesario.

Querer ser
algo más que un ratón
dentro de una rueda.
O, por lo menos, ampliar la rueda
cuando no se puede ser más que ratón.

O aspirar
en los días de más brillantez
a ser la rueda que mueve al ratón.

ECO DE UNA EXISTENCIA

La tierra completa otro giro
ante un indiferente sol.
Me cuestiono el valor de mi presencia
en este espacio que ocupo.

¿Quién soy?

Si hubiera retenido las ilusiones
que dejé escapar por atrapar otras
¿me habría hecho mejor persona
o peor ser humano?

¿Acaso sería el mismo?

Mi cuerpo y mi intelecto
se burlan entre sí, discutiendo sus capacidades.
Mis manos y labios se envidian
sus experiencias y memorias.

Cargo en mi bolsillo derecho
todo el tiempo que gasté;
el izquierdo permanece vacío.

¿Qué soy en este rincón del universo?
¿Una mera repetición de un eco eterno
o una melodía con su propia fecha de
caducidad?

GIRAR

Hoy me sentaré ver el mundo girar
verlo rotar sin salida.
Contemplar personajes rodar
cuesta abajo por la vida.

Hoy celebraré la derrota de las calumnias
mientras al mentiroso lo alcanzan sus mentiras
y escucharé de quien no tenía voz
un grito eufórico de justicia.

Hoy veré derribadas las montañas
que, ante la fe, inmóviles permanecían.

Desde la cómoda butaca de la indolencia
veré los mitos desfilar
cogidos de mano con la ciencia.
Contemplaré a los dioses pecar
tratando de comprobarnos su existencia.

Hoy me sentaré a ver el mundo girar…

Aunque sienta en la espalda
la quemazón del látigo del fracaso
y en el pecho la punzada de la muerte
y su aguijón.
Hoy, me pensaré posible salir victorioso
del valle de las sombras
que envuelven mi corazón.

MITO

Las noches ya no se burlan de mí
y las esperas no lucen impacientes.
Ahora los atardeceres son conciertos;
los escucho, sin presteza, desde mi balcón.

En primera fila
los recuerdos ceden sus asientos
las nuevas ansias toman sus lugares.

Ya nada sorprende pero todo me asombra;
el aleteo nervioso de la mariposa
el beso mañanero antes y después del café
la sonrisa desprendida por cualquier tontería.

En esta época, los enojos son mera tradición;
viejos rituales, entes inofensivos
cascarrabias que de vez en cuando
reclaman atención.

La paz no luce tan lejana
ahora es como la orilla
en que vale la pena morir.
Del pudor ya nadie se acuerda
la espontaneidad se hizo cargo.

60

El rencor no tiene espacio en mi equipaje.
Liviano reposo en la almohada
cuando el perdón
me da el beso de buenas noches.

Ahora todo tiene sentido
cuando mis sentidos se van perdiendo...
El tiempo es un mito
escrito en un calendario.

IV- AMOR NUEVO

Cuando sobre la tierra
no haya ya ni dolor
solo habrá una lumbre
y esa será el amor
... para empezar .
Guillermo Venegas

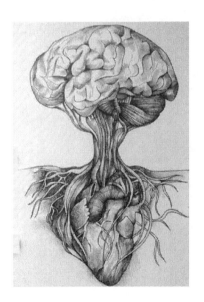

AMOR EN EL VIEJO SAN JUAN

La brisa entra sin pedir permiso
sus grandes ojos verdes
brillan maravillados
su mera presencia hace que el mar
presuma de su bravura.

Un beso con sabor a bruma
llega hasta mi corazón.

Me siento más inmenso que el mar
más eterno que el viento
más feliz que las olas.

Las viejas murallas han visto
miles de historias de amor
pero ninguna las había hecho estremecerse
como la nuestra.

LAS PUERTAS DE MI ALMA

No sé quién eres
ni el porqué de tu llegada.
Si vienes a quedarte
o si solo estás de pasada.
Pero hiciste que el sol
volviera iluminar por mi ventana
y que las alegrías
repararan las penas de mi alma.

No sé cuán significativo
podrá ser para tus sentidos
el escuchar que mis labios
tu nombre pronunciaran.

No sé si solo soy
una distracción en el camino
o, para tu fatiga, una serena pausa.

Solo te pido que
si no soy la meta de tu peregrinar
o el final de tu jornada
el día que te alejes
no dejes cerradas
las puertas de mi alma.

PORQUE...

Porque tu mirar
revolotea mariposas en una danza
y levanta vuelos de sentimientos
que alientan esperanza.

Porque el leve rozar de nuestros labios
enciende una chispa que no se apaga.
Porque tu voz
serena las bestias en mi cabeza
y encanta los duendes que habitan en mi alma.

Porque veo caminar
tu silueta de sirena, adornando la sala
mientras haces que florezcan
las rosas amarillas, en cada espacio,
con tus pisadas.

¿Por qué te amo?, hoy me preguntas
como se buscan respuestas
sentada en una orilla.
La respuesta, mi amor
es más que sencilla.

Porque desbordas de amor
la copa que solía estar rota
porque eres tú
porque no eres otra.

AFLUENCIA

No hubo aviso previo
la entrega fue inmediata
a la mano
con el infinito como remitente.

El corazón hizo acuse de recibo.

El rostro es un pésimo actor
me puso en evidencia.

Quedo a merced de su albedrío…

El amor no es condescendiente
logró el acceso
sin restricciones
y permanece
sin fecha de caducidad.

DESGANA

No quiero volver a ver la luna
si no te estoy besando mientras la miro.
No quiero sonreírle al nuevo día
si no es tu rostro quien lo ilumina.
No quiero escuchar canciones tristes
si no son tus lágrimas las que seco.
No quiero pisar adoquines azules
si no vas caminando de mi brazo.
No quiero volver a pronunciar un "te amo"
si no es tu voz la que me responde.

CAMINO DE BORBOLETAS

Aplausos al aire
verdes, amarillos y marrones.
Bienvenida de colores que engalanan
como recíproco a la belleza
de un rostro maravillado
que los árboles del camino reverencian.

Pasos escoltados por soldados alados
cantos de paz y armonía
un coro de luces entona.
La alfombra verde ha sido tendida
de rojo amapola decorada.

El sol baja su intensidad en señal de respeto
las nubes se acercan para ser testigos
de un magno acontecimiento.

Es la epifanía, es la llegada
la reina de todas ellas
que entre aromas al vuelo
es presentada.

ESTRELLA

Vuela, mi corazón, hacia ella
que mi fuerza te lleva.
El sol, lleno de amor, pronto brillará
y perforará la obscuridad.

Ve a donde la noche esconde su luz.
Ella aclarará tu camino
y te cautivará con su mirada.

Ve a donde mora la aurora
y despertará un día hermoso en ti.
Elige a la estrella más bella
que jamás nadie haya visto
y no te olvides de traer su fuerza y su magia
sus sueños y su hermosa sonrisa.

Invita a todas las lunas
(llena, menguante y creciente)
para que sean testigos de nuestro amor.

Vuela, corazón
ya no debe tardar en salir.
¡Tantas cosas más quisiera ofrecerle!

El brillo de una pasión eterna
mi más profundo secreto
y una casita allí, donde vive el sol poniente…
donde finalmente seremos felices.

SAGITARIANA

Qué motivo has tenido
para viajar desde lo más lejano
cargando lo más divino
entre tus manos;
esa alegría contagiosa, esa mirada delatora
que a mi alma conmociona.

Tu arco de fuego
alcanzó mi casi moribundo corazón.

Sagitariana
qué buscas, qué pretendes
al emprender tan lejano viaje.

Por qué el afán
de una perfecta divinidad
en encarnarse
por el corazón de un simple mortal.

Por qué tus flechas de fuego
no pretendieron la anchura del mar.

Por qué renunciar a su luz
y caminar entre las sombras
solo por calmar
mi profunda sed de amar.

ABDICACIÓN

Tómame en tus brazos
esta noche serena
y llámame amor.
Soy el monarca que abandonó
su trono de sueños y promesas
lancé al suelo mis vestiduras;
mi corona, mi cetro
hechos pedazos los dejé.
Me desvestí de cuerpo y alma
me puse el antifaz
de hombre enamorado
y llegué a tu puerta
en esta noche serena
abdicando a mi pasado.

Miguel Ángel Zayas

V-AMOR IMPOSIBLE

Ofrecer amistad al que pide amor es como dar pan al que muere de sed.
Ovidio

MI MUSA

Estoy pasando por ella
y no quiero encontrar la salida.
Con sus ojos deslumbra mis virtudes
con su sonrisa despeja mis defectos
y, en su aliento, me devuelve la vida.
Su mirada se intimida
al encontrarse con la mía.
La perfección de su cuello
la candidez de su sonrisa
y el cóncavo perfecto de sus caderas
mis pensamientos encadenan
sin robarme la vida.
Estoy pasando por ella
y no quiero encontrar la salida.
En la sinceridad de su pecho
quizás encuentre la mía.

FRONTERAS

Podría perderme
por culpa de tus ojos
y seguir la luz de tu mirada
más allá de las fronteras
hasta ahora conocidas por mi corazón.
Navegar más allá de la cordura
que rige la razón
perder la compostura
por culpa de tus labios
viciándome con su sabor.
Convertir tus besos en un hábito
rebasando las fronteras de mi dolor.
Aventurarme por caminos desconocidos
mucho más allá
de las fronteras del temor.
Enfrentar los molinos gigantes
en busca de eso
que tú llamas amor.

OJOS DE SOL ACEITUNA

Qué milagro tiene que conceder Dios
para volver a sentirme eterno
en la brevedad de tu mirada.

Qué fuerza es necesaria
para volver a construir sueños
bañados en sus destellos esmeralda.

Qué ruta debo tomar
para alcanzar nuevos mundos
de soles aceitunados
en la inmensidad de tu mirada.

Cuán diestro es necesario ser
para robarle la tristeza
a la soledad en tu mirada.

Cuán tonto se puede estar
para no apreciar
el incalculable valor
de la calidad de tu mirada.

VÓRTICE

Aquí es que me encuentro
en el mismo lugar donde me pierdo
en el vórtice de un huracán de sentimientos
en la quietud que arropa el silencio
y te tengo tan cerca
y a la vez tan lejos
en una aparente calma
en medio de un tempestuoso vértigo.

Mis manos
se impacientan en descubrir
la suavidad de la que presume tu piel.
Mis labios
fantasean recorrer
la infinidad de tu cuello...

Y ahí permanezco, en la quietud del silencio.

Mis ojos
pasan horas en calma
maravillados al verse en tu reflejo
admirando la destreza de tus dedos
que juegan seduciendo tu cabello.

.

Degustando, por horas, el repertorio de tus gestos
apreciando la tonada de tu voz sincronizada
con la gracia de tus manos en movimiento.

Y me quedo en silencio, a favor del viento...
mientras la fuerza centrífuga del deseo
me arrastra hacia un torbellino de pasiones
alejándome de mi centro.

Mientras la fuerza centrípeta de la ternura
me abraza en dirección contraria
acarreando corrientes de compostura
que me devuelven al epicentro.

Y ahí permanezco, en el vórtice del silencio...
balanceándose mi cordura
entre dos fuerzas en movimiento.

Amor bisiesto

Una llegada no celebrada
sin efeméride la acogida
una estancia prolongada
que no promete estadía.

Luego...
una marcha sin despedida.
Periodo de ausencias, de añoranzas
de besos y abrazos pusilánimes
que se prefirieron la huida.

Luego...
un inevitable retorno
un seguro e inesperado regreso
amor de estación, de época y temporada
que solo sabe dosificarse por etapas.

Luego...
otra marcha sin despedidas
otros escondites, con otras huidas.
Luego...
el inevitable 29 de febrero.

ARRIBO

Me llegas y violentas
lo que tenía muy bien acomodado;
los recuerdos en la mesa de noche
los dolores en la gaveta del pasado.

Me llegas y violentas
mi intimidad tan expuesta
pisando sin cuidado
por un camino ya sembrado.

Me llegas y violentas
arrancando de un solo golpe
las espinas de mis rosas
deshojando lo sangrado.

Me llegas y violentas
con tu mirada que acosa
las alegrías de un futuro
en el lienzo de un destino
que aún no está trazado.

MIRADAS

Porque la miro y noto
que su mirada me esquiva
pero queriendo sentirse mirada.
Porque la miro y voltea su rostro
mientras sus labios
me invitan a besarla.

Porque la miro y me acerco
y ella se aleja en la distancia
porque se lleva consigo
pedazos de mi alma.

SOÑANDO

Anoche soñé que tú soñabas
que tus labios los míos deseaban
que tus manos
en las mías reposaban
y que en mi pecho
tus penas confortabas.

Ayer soñé que tú soñabas
que no pasaba un día
sin el resplandor de tu mirada
ni soportabas las noches
en que con la luna me ocultabas.

Ayer soñé que tú soñabas
que éramos uno, en una sola alma.
Anoche soñé que no despertaba
ni de mi sueño
ni del que tú soñabas.

TE VERÁS FELIZ

Te verás feliz
cuando te digan
"hermosa, como tú ninguna"
y te observen bailando bajo la luna
con el traje de estrellas
que una noche robé para ti.

Te sentirás feliz
como cuando yo te cantaba
canciones fresas bajo la lluvia
y te servía poemas en el desayuno
sobre un pan empapado de café.

Te sentirás feliz
cuando en un bostezo
salten de tu boca
las margaritas silvestres
en las que nos recostábamos
a llamar las nubes por su nombre
y estás por fin te respondan.

Te verás feliz
todas las tardes
con mi libro en tu falda
cuando las golondrinas de Bécquer
ya no sean oscuras
y se posen en tu balcón
para escucharte.

Te verás feliz
cuando tu rostro responda
a una mirada de amor.
Cuando caminando por
nuestros callejones
recostada del hombro de otro
un verso mío salte a tu memoria
y una lágrima ya no sea necesaria
para enjuagar el dolor.

ANHELO

Qué no daría yo
por entrar en tu corazón, pisando fuerte
y recolectar, sin quebrar los sellos
cada uno de tus secretos.

Qué no daría yo
por delinear tu cuerpo
con trazos de mis deseos.
Por llegarte de golpe
como pedrada en cristal
y dejarte tatuadas
consecuencias permanentes.

Qué no daría yo
por ser el luminiscente recuerdo
cuando se apaga la última luz.
Ser, en tus días grises
el amuleto que hace que te sonría la suerte.
Qué no daría
por ser en ti algo más que yo
algo menos inconsecuente.

ESPERA

Flores adornan mi sala
como esperando una llegada.
Como celebrando una victoria
que aún no ha sido anunciada.

HACE DÍAS

Hace días
camino bajo la lluvia
siento como las lágrimas
que caen del cielo
se funden con las de mis ojos.
Hace días
camino bajo un aguacero
y el aire que respiro
es un remedio para no recordar
siento la queja de un trueno lejano
que es como el lamento de mi alma.
Ese lamento que tronó
cuando soltaste mi mano
Hace días camino bajo un diluvio
y a pesar de mi dolor
las estrellas siguen brillando.

PERDIDOS

Me perdí
buscándome
y te encontré a ti
perdida, buscándote
y juntos salimos a buscarnos
olvidamos el camino de regreso
y nos perdimos.

VI-AMOR ÁGAPE

El amor nunca tiene razones, y la falta del amor tampoco.
Todos son milagros.
Eugene O' Neill

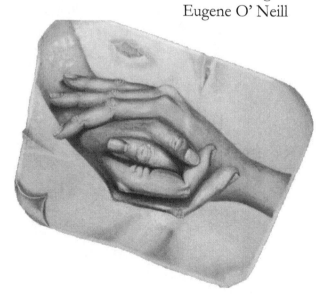

SEMPITERNO

Estás aquí
mucho antes de que yo llegara.
Me abrazas
antes de que yo extendiera mis brazos.
Me calmas el dolor
antes que me doliera.
Me conoces
desde antes que yo me presentara.
Me alimentas
antes de que sintiera hambre.
Me escogiste
antes de que yo me ofreciera.
Me das agua
antes que me atacara la sed.
Me proteges
antes de que me acechara el peligro.
Me alientas
antes de que me desanimara.
Gracias porque me amas
mucho antes de que yo te amara.

EN TU PRESENCIA

Deseo ver tu rostro
y cantar los salmos frente a Ti.
En tus ojos
reconocerme como pariente
y que mi alma
no se vuelva a sentir extranjera
en mi cuerpo.

Porque **Tú**
recoges mis huellas
sellas mis heridas con tu nombre
mantienes mi copa llena
y haces que mis gigantes
doblen sus rodillas frente a Ti.

VII-AMOR PATRIA

*Ninguno ama a su patria porque es
grande, sino porque es suya.*

Séneca

Amores inéditos

LLAMADO

Es el viento el que me llama
el viento alisio con aliento humano
lo que enfurece
lo que alimenta disturbios
en las calles adoquinadas.

Es lana furia de una locura en masa.
Es el grito de "basta"
que dormitó por cinco siglos.
Es el despabilar del gigante dormido.

Es el "no más"
que se esfumaba en la llamarada.
¡Ya está bueno mayoral!
Ya el cordero no se ñangota
para que lo trasquilen.

VIII-EROS

De todas las aberraciones sexuales, la más singular tal vez sea la castidad.

Remy de Gourmont

LA BRAGA DEL OLVIDO

De la perilla de mi puerta se quedó colgada
como remanente de algo que nunca sucedió;
como trozos de hojas secas de árbol inexistente
que el viento a mi puerta arrastró.

Es el olvido de la prisa
de un amor con muchos deberes
carentes de compromiso.
Evidencia del placer furtivo
que se esconde entre las sombras de trasluces
que habitan entre lo moral y lo indebido.

Tu braga olvidada
el chivo expiatorio
que no es culpable de su destino.
Vive de una perilla colgada
esperando su sentencia
como penitente de un recuerdo
de algo que nunca hicimos.

HOY NO QUIERO SER VERSO

El sexo es el consuelo
para los que ya no tienen amor.
Gabriel García Márquez

Hoy no quiero ser verso
ni caballero que rescata doncellas.
Quiero ser sexo, sin motivo
sin pretensiones de ser vida.
.
Un trueque de sudor
en el mercado de pasiones;
la carne mordida
un surco de uñas
un lienzo de saliva
el antojo azucarado a media noche
la embriaguez de besos
la resaca de un deseo licuado.

Ser el espacio no reservado
un comensal de turno
que no deja propina
las manos heridas
que no quieren ser abrazo, solo la sacudida.

Un polvo errante
desparramado entre tus montes.

Hoy conviérteme en tu sexo
que mañana quizás retome mi corcel
y me vista de caballero.

IMPUDICIA

Qué pudor puedo tener
si su toque me desmantela.
Ese toque visceral, inmoral e imperfecto
que corriendo a través de mi cuerpo sudoroso
lo transforma en camino de pasión.

Qué pudor puedo tener
si su boca loca en mí
deja en esta cama estremecimientos
haciendo lo impensable realidad.

Qué pudor puedo tener
si me traga por completo
y me devora desde primavera a invierno
con momentos indescriptibles, sin cita previa.

Qué pudor puedo tener
si su despedida lenta
nos deja una brisa erótica
que nos envuelve.

NAUFRAGIO

Quisiera mirarme de nuevo en esos ojos
volver a disfrutar cómo se cierran
en ese preciso instante
en que tu cuerpo se desborda
en el sagrado líquido de la pasión.

Quiero, una vez más
ver el reflejo de mi silueta sobre ellos
mientras tu débil aliento suspira...

A la
   d
     e
       r
         i
           v
             a

como náufrago sobreviviente
al fuerte oleaje
de las profundas aguas
donde se hace el amor.

EL MAR Y ELLA

La prisa del mar por alcanzar la costa
es un vertiginoso azul que impregna todo
y la pasión de su cuerpo por llegar al mío
no es menos impetuosa, me hace orilla.

Todo el color ladrillo de la aurora
amanece con ella
y en el verdor de sus ojos se diluye.
Cuando despierta, la aurora boreal renace.

El mar y ella nadan a mi encuentro
y en el afán de amarme
no hay temor al naufragio
todo puerto se siente seguro.

A veces confundo al mar con ella
otras veces, ella es la mar.

En sus duelos por predominar
ambos perfuman mis bordes
con la bruma derramada.

El mar y ella juntos
son un caos de olas
que se visten de pasiones.
Un concierto de vuelos de gaviotas
que se visten de veleros
que navegan entre dos cielos
hacia el encuentro
de la primera gota de mar.

Intertextualización de "El mar y tú" de Julia de Burgos

MUJER 'ENDELEBLE'

Altiva, coqueta
de virginal mirada.
Lasciva y eterna
caricia de una pasión perpetua
sobre un corazón endeble.

Presencia perenne
de fragancia desparramada
en humedal de sábanas.

Frío de ausencia en el
imperecedero recuerdo
de una libido que no pide tregua.

Mujer omnipresente
diosa tatuada
impregnada en tinta indeleble.

ABISMO

Recuerdo
verte la primera vez fue un éxtasis cálido
tus senos entrevisté en el escote suelto
ahora desnudos frente a mí
se consumen en fuego.

Deliberadamente
usamos todas las zonas erógenas
lluvias repentinas confusas
marcaban un camino ya viajado.

Adrede
entre sudor y gruñido mojado
el ritual fue realizado.
Solo entonces volvimos a empezar
tu furia estaba tan loca
que me aferré en tus melenas
para no caer en un abismo sin salida.

Pero el amor era mucho
y también el placer
que cuando nos fuimos a la cama
en el abismo desperté.

La Reina Bomba

Un coro de tambores
seduce un cadencioso juego atezado de caderas.
Carga, en cada una de ellas
mieles centenarias de rones exóticos.
Aromas de especias antillanas;
nuez moscada, anís, orégano y malagueta
bañan al aire en cada movimiento.

Un pañuelo floreado cubre su cabello
una falda autoritaria ordena a tambores
ellos siguen sus pasos.

En una vuelta
su mirada felina reta a la mía coqueta.
Celosos, los tambores rugen.
Su majestuosidad se incrementa
en cada movimiento de hombros.

Entre el vaivén de olas sonoras
sus negros pies llegan a mi blanca orilla.
¡Los tambores enfurecen!
bajo amenaza, secuestran al ritmo.
¿Quiénes son los tambores para desafiar
la voluntad de una deidad negra?

Las caderas no se inmolan…
al diluirse con las mías,
otro ritmo nace en ellas.

Nuevos aromas viajan con el viento;
vainilla, clavo, canela, cardamomo y jengibre
santiguan confusos prejuicios ancestrales.

AGRADECIMIENTOS FINALES

A mis mujeres; Marieli Calderón, Ana Durán, María Dávila, Hilda Famanía, Marinín Torregrosa, María Bird, Betty Díaz, Samar de Ruis, Carmen J. García, Rubis Camacho, Isabel Pérez, Isabel Zorrilla, Sandra Santana, Dalia Stella y Alicia Meléndez. Verdaderas amigas que han estado, sin cansarse, a mi lado en el momento que más abandono, inseguridad y dificultad me tocó vivir. Las amo.

Al hermano/hijo que la vida me regaló Edwin Torres, gracias por tu incondicionalidad.

Miguel Ángel Zayas

SOBRE EL AUTOR

Dr. Miguel Ángel Zayas

 Nació un 18 de diciembre, en Santa Isabel, Puerto Rico. Ser el octavo de trece hermanos de una familia humilde de la barriada Monserrate le sirvió de estímulo para establecerse metas personales y profesionales desde muy temprana edad. Con una amplia y variada formación académica, con maestría en Psicología Escolar y doctorado en Liderazgo Educativo, en el 2008 fundó la escuela especializada en educación alternativa *Alternative Training Educational School*, en Cayey, Puerto Rico. En el 2010, el Consejo Iberoamericano de la Calidad Educativa, de Sao Paulo, Brasil, le confirió el Doctorado Honoris Causa, en reconocimiento a su aportación al campo académico.

Publicó, en 1999, su primer poemario, *Entre rosas y vinos,* y en el 2013, en español y portugués, *Expectativas,* su segundo poemario, el cual dio origen a la producción discográfica del mismo nombre, que contiene la versión musicalizada de trece de sus poemas.

Sus cuentos "Soberanía" y "Sentencia" fueron premiados en el Certamen Nacional de Cuento, Ensayo y Poesía 2009 de la American University y en el Certamen de Microcuentos 2014, en honor a Julia de Burgos, de la Cofradía de Escritores de Puerto Rico, respectivamente.

Creó la firma Editorial Zayas, con el fin de apoyar la difusión y promoción de trabajos literarios de noveles escritores.

Ha participado, en calidad de escritor y editor, en publicaciones como las antologías *Divertimento I*, *Divertimento II* y *Versos náuticos*, en la que se unió a dieciocho poetas de diez países de Iberoamérica y que fue presentada en Palma de Mallorca, España, en el 2016.

En el 2017, su libro *Los cuentos de Pimpo* fue galardonado en la categoría Best Popular Fiction Book, en el International Latino Book Awards, en California, EE. UU., entre 2,500 libros publicados por autores de más de 20 países.

En el 2018, publicó su primer libro de autoayuda *Escribiendo y sanando.*

En el 2019, obtuvo el segundo y tercer lugar en poesía en el Certamen Literario de la Universidad Politécnica de Puerto Rico.

En el 2020, su más reciente poemario, *Amores inéditos* obtiene el Primer lugar como Best Poetry Book in Spanish y el Segundo lugar como Best Book Nonfiction in Portuguese. en el International Latino Book Awards, en California, EE. UU, entre 3,000 libros participantes por autores de más de 20 países.

Sus artículos sobre motivación, autoestima, política y educación han sido publicados en diferentes revistas y periódicos del país. Mantiene su propios Blogs titulados: El éxito es para todos y Escribiendo y sanando.

Amores Inéditos
Miguel Ángel Zayas
Segunda edición, septiembre 2020
Editorial Zayas
Tel. 787-263-5223
editorialzayas@gmail.com

Made in the USA
Columbia, SC
13 May 2024

35250949R00081